In.º 17599

NOTICE

SUR

LA VIE ET LA MORT

DE M. L'ABBÉ

GEORGES-MAURICE ROBERT

ANCIEN CURÉ DE NOTRE-DAME DE POITIERS

CHANOINE-PÉNITENCIER DE L'ÉGLISE CATHÉDRALE.

POITIERS

HENRI OUDIN, LIBRAIRE-ÉDITEUR

RUE DE L'ÉPERON, 4.

1864

NOTICE

SUR

LA VIE ET LA MORT

DE M. L'ABBÉ

GEORGES - MAURICE ROBERT

ANCIEN CURÉ DE NOTRE-DAME DE POITIERS

CHANOINE - PÉNITENCIER DE L'ÉGLISE CATHÉDRALE.

M. GEORGES-MAURICE ROBERT, dont la perte est si vivement sentie, naquit au mois de mai 1796, dans la petite ville de Saint-Maixent, de parents jouissant d'une honnête aisance et justement considérés. Il n'eut que deux frères, Léon et Joseph, et ceux-ci, marchant sur ses traces, furent initiés comme lui d'abord aux éléments des connaissances humaines, puis à la science sacrée, et enfin élevés au sacerdoce.

Ainsi Dieu accorda à cette famille très-chrétienne l'honneur insigne de donner trois prêtres à son Église, et à ces trois frères le bienfait inestimable de répondre dignement à cette commune vocation, et d'employer à en remplir les devoirs les dons divers de la nature et de la grâce, qui leur furent départis avec largesse.

Le principe de tous ces biens, après Dieu, ce fut le zèle actif et intelligent du vénérable M. Lainé, ancien doyen d'Oyron, et établi curé de Saint-Maixent, après dix ans de persécution et d'exil.

Il admit à son école, à une petite distance l'un de l'autre, ces trois jeunes enfants, en qui son regard avait saisi les indices de la vocation divine.

Pour cultiver ces germes précieux, la Providence lui avait préparé un aide qu'il n'attendait pas. C'était sa nièce, si connue à Poitiers d'abord sous le nom de Mademoiselle Sophie, et plus tard sous celui de Madame Thomas, lorsqu'elle fut devenue religieuse de Sainte-Croix.

Chassée, par la tempête, du pensionnat des sœurs de la Sagesse de Montbernage, à peine âgée de 15 ans, elle avait osé ouvrir une école dans le faubourg, pour faire déserter celle de l'instituteur patriote et conserver à de nombreux enfants l'héritage de la foi. Souvent, au péril de sa vie, et avec un dévouement sans bornes, elle avait servi MM. Soyer et Coudrin et les autres prêtres fidèles, restés cachés à Montbernage, ou déguisés pour exercer le saint ministère dans l'enceinte de la ville.

Elle était digne dès lors d'avoir part à la

grande œuvre de la régénération du sacerdoce catholique. Elle s'en rendit bientôt capable.

Son office était de surveiller les élèves de son oncle. Elle pensa qu'il était aussi simple et plus avantageux, tout en paraissant étrangère à la classe, d'écouter les leçons et d'en retenir sa part. Son intelligence et son application la mirent bientôt en état d'enseigner elle-même les éléments de la langue latine à ses jeunes disciples, surtout à Joseph, le dernier venu des trois.

Une telle institutrice avait d'autres enseignements à confier à leur mémoire.

Pouvait-elle, dans les moments de loisir, ne pas répondre à leur pieuse curiosité, et ne pas dérouler à leurs yeux, tantôt une scène, tantôt une autre, de ce drame horrible auquel elle avait assisté, dans lequel elle avait eu sa part d'action et de souffrances ?

Pour faire croître en eux le respect pour les prêtres, le zèle et l'amour pour l'Église, n'avait-t-elle pas les récits des dangers auxquels les ministres fidèles avaient été exposés, des épreuves qu'ils avaient supportées avec tant de courage, des différents genres de mort qu'ils avaient subis dans l'exil, dans les bagnes et sur les échafauds ?

Pour leur inspirer l'horreur de l'impiété révolutionnaire et de l'apostasie, elle n'avait qu'à leur montrer, autour d'eux, les églises paroissiales à demi-ruinées, ce monastère désert, cette grande église portant encore les traces de la dévastation et, peut-être, les marques de la profanation commise par l'évêque intrus des Deux-Sèvres, Mestadier, qui avait dressé dans cette enceinte sa chaire épiscopale, et ne l'avait abandonnée que pour se retirer dans un obscur village, et se livrer à des occupations vulgaires.

Une maison voisine avait servi de demeure à l'*égorgeur* des Vendéens, le général Westermann, dans le temps même qu'elle servait de refuge à M. Auzuré, cet intrépide confesseur de la foi, qui avait là sa cachette, et ne dut son salut qu'à sa présence d'esprit. Quelques années plus tôt il s'était échappé, comme par miracle, du couvent des Carmes et du milieu des victimes, à l'instant même de l'horrible massacre.

Ces récits, l'aspect ou du moins le souvenir de cette désolation et de ces cruautés n'eurent jamais pour effet que de confirmer les trois frères dans la pieuse résolution de se consacrer au service de Dieu et de son Église. La vie sacerdotale, entrevue comme une vie de travail, deluttes et de dangers, eut un attrait de plus pour eux, surtout pour Maurice qui paraissait déjà l'emporter sur les deux autres par la force du caractère et l'élévation de l'esprit.

Tous trois du reste obtinrent des succès dans leurs études classiques. Ceux de l'aîné furent remarqués au Petit-Séminaire de Montmorillon, où il fut conduit vers l'âge de onze ans, par son père et par Mademoiselle Sophie, pour qui c'était une grande joie de présenter son élève. En 1813, il entra au Lycée de Poitiers, par suite d'un décret, ordonnant que les jeunes clercs, destinés à la milice sacrée, n'y prendraient définitivement leur rang qu'après avoir figuré pendant une année parmi les élèves d'un Lycée impérial.

Après cette épreuve, le jeune ecclésiastique fut jugé digne d'être envoyé au séminaire de Saint-Sulpice, et d'être confié à cette pieuse compagnie qui, après avoir subi le martyre dans plusieurs de ses membres, confessé la foi par la bouche de tous, avait repris l'enseignement de la science sacrée pour l'élite de la jeunesse cléricale de la France.

M. Maurice Robert sut apprécier la faveur qui lui était accordée, et résolut fortement de la faire servir au profit non de la vanité et de l'orgueil, mais de l'Église, qui lui témoignait un amour de prédilection.

La droiture de son esprit, la simplicité et la pureté de son cœur, son caractère franc et com-

municatif lui attirèrent tout d'abord de la part
de ses maîtres et de ses condisciples une bien-
veillance et des sympathies, qui devinrent plus
tard de pures et fortes amitiés que les années
n'ont point affaiblies.

Pour les études, il accepta volontiers la méthode d'enseignement adoptée et toujours con-
servée dans les séminaires de France. Il la
préférait à toute autre, non parce qu'il lui
trouvait des formes attrayantes, mais parce
qu'elle ne s'occupe que de mettre en lumière
les principes, et d'en exposer les conséquences,
dans l'ordre logique et avec cette précision in-
dispensable pour en reconnaître la vérité acqué-
rir, en peu de temps, cet ensemble de notions
exactes, qui seul mérite le nom de science. Il
savait, ou du moins il pressentait que le prêtre,
destiné à être le médecin des âmes, n'est jamais
trop habile casuiste, que le prédicateur surtout
a toujours besoin des armes de la dialectique, et
qu'il n'est jamais trop savant théologien.

D'année en année, ses maîtres comme ses
condisciples conçurent de lui une plus haute
idée, et avant sa sortie du séminaire, on eut la
conviction que, rempli de foi, de science et d'ardeur comme il l'était, il serait un des prêtres les
plus capables de remplir la tâche difficile et pé-
rilleuse de gouverner, d'éclairer et de purifier les

âmes, et que, dans la chaire sacrée, il ferait tou-
ours honneur à la parole évangélique.

Il acheva ses études théologiques, et fut or-
donné prêtre en 1819, le même jour que M. de
Rochemonteix, qui fut depuis vicaire général du
diocèse, et demeura pendant trente années l'ami
le plus dévoué de son ancien condisciple.

Le jeune prêtre avait été affaibli par une cruelle
maladie. Afin qu'il pût respirer l'air natal, on
le nomma Doyen de Sainte-Néomaye, près de
Saint-Maixent. Dès qu'il eut réparé ses forces, il
fut envoyé au Petit-Séminaire de Bressuire,
comme directeur de la section des plus jeunes
élèves ; puis à Niort comme vicaire de la grande
paroisse de Notre-Dame. Peu de temps après, il
dut joindre aux travaux du saint ministère l'enseignement de la philosophie au collége de Niort,
où les études étaient alors florissantes.

Pendant qu'il se dépensait ainsi tout entier,
Monseigneur Soyer, évêque de Luçon, ancien
grand vicaire du diocèse de Poitiers, se souvint
de l'élève de Madame Thomas, et surtout du sémi-
nariste de Saint-Sulpice, dont il avait su apprécier
les talents. Sans lui en donner avis, il le nomme
chanoine de son Église cathédrale, et lorsque
sa nomination a été revêtue de toutes les forma-
lités d'usage, il lui envoie son titre, l'invitant
à venir prendre possession de son canonicat, et

à se préparer à l'office de prédicateur dans le diocèse de Luçon.

Cet appel n'était point une réponse aux désirs d'une secrète ambition. Il devenait cependant une tentation délicate pour un jeune prêtre que les instincts de sa nature, et surtout sa foi et son ardeur poussaient à ce genre de vie, et à qui le sentiment de sa force promettait le succès. Mais il pensa qu'il y avait des âmes qui l'attendaient dans son diocèse natal, et que là il y avait aussi un évêque, confesseur de la foi, grand par ses travaux et ses tribulations, grand par sa sainteté, par son intelligence et son courage dans l'œuvre de la restauration de la maison de Dieu.

Aussitôt qu'il eut refusé les honneurs qui lui étaient offerts dans un diocèse étranger, son évêque, qui avait les yeux fixés sur lui, l'appela à la mission de Poitiers. Monseigneur de Bouillé sentait lui aussi la nécessité de relever l'apostolat dans son diocèse. Quelque temps auparavant, une petite compagnie de missionnaires avait été formée et établie dans la ville épiscopale, comme dans son centre naturel. La résidence, abritée par la grande basilique qui recouvre le tombeau de saint Hilaire, avait servi pendant des siècles de demeure au doyen du chapitre royal.

Le supérieur de la mission était M. Lambert, vicaire général du diocèse, qui passait, à bon

droit, pour un homme de talent, de science et
de vertu. Cette réputation, parce qu'elle était
méritée, tend plutôt à grandir parmi nous
qu'à diminuer. M. Lambert accueillit le jeune
missionnaire, comme il avait accueilli M. Garnier
l'aîné, M. Garnier le jeune et MM. Pouillé,
comme il accueillit, un peu plus tard, M. Bobin,
M. Léon Robert et d'autres, dont les noms brillent
encore d'un doux éclat aux yeux du clergé et du
peuple de nos contrées. Il éprouva cette joie
qu'éprouvent seules les grandes âmes, à la vue
d'un homme de talent appelé à mettre la main
aux œuvres dont elles ont la conduite. Compre-
nant toutes les ressources qu'il possédait dans
ce jeune prêtre, en qui la vigueur de l'esprit
n'empêchait point la docilité, il voulut être
lui-même son maître, c'est-à-dire son guide et
son ami. Il l'assista dans ce travail de prépa-
ration ou, comme dit élégamment saint Cyprien,
dans ces *studieux loisirs (studentibus otiis)*, qui
doivent de toute nécessité précéder les courses
évangéliques.

Nous avons parcouru les plans de discours,
d'instructions de tout genre, que M. Lambert
avait tracés lui-même pour le nouveau missionnaire, non pour suppléer à la faiblesse de ses
conceptions ou pour élargir le cercle de ses
idées, mais pour lui marquer les limites dans

lesquelles son abondance s'écoulerait avec plus de force, et par conséquent avec plus de profit pour les âmes.

Les sermons de M. Maurice Robert, quoique toujours pleins de doctrine, étaient, comme on le sait, rapides et entraînants. Il avait le secret de s'abandonner à tous les mouvements de son âme, et en même temps de se contenir et de se posséder, pour ne point s'écarter de la voie qu'il s'était tracée dans le calme de la méditation.

Il excellait surtout dans les conférences, ou pour mieux dire, dans ces dialogues où l'auditoire lui-même intervient, et, par l'organe d'un missionnaire, s'entretient avec le prédicateur, et fait entendre tour à tour le langage de l'ignorance, de l'incrédulité, du sophisme, de l'erreur et des passions ; de cette manière on semble ne dévoiler la vérité que sur la demande des auditeurs, et ainsi l'instruction ou l'exhortation qui descend de la chaire chrétienne, est plus appropriée à l'état des esprits, à leurs besoins et à leurs dispositions.

M. Robert était à l'aise dans ce genre d'éloquence où il savait prendre tous les tons, « passer du grave au doux, du plaisant au sévère », selon qu'il voulait faire sourire, exciter la pitié, éveiller la crainte ou ranimer la confiance et l'amour.

Il nous serait impossible de retracer tous ses travaux, de le suivre dans cette carrière qu'il a si noblement parcourue : pendant les sept années de sa vie apostolique, il remporta des victoires nombreuses dont Dieu seul connaît le prix. Il y eut sans doute des âmes qui résistèrent aux efforts de son zèle, qui échappèrent à ses pieuses industries ; mais son ardeur n'en fut jamais ralentie. Il fit plusieurs missions dans la Vendée, une entr'autres, dans la compagnie de son frère Léon. C'est là qu'il perdait le sentiment de toutes ses peines, à la vue de ces populations entières se pressant autour de la chaire de vérité, de ces troupes d'hommes assiégeant toute la nuit le tribunal sacré, ou s'avançant en longues files vers la table eucharistique. Longtemps après, il parlait avec une profonde émotion de ces solennités incomparables, qui avaient lieu à la clôture des missions, des processions au milieu de ces campagnes, naguère ravagées par le fer et par le feu, où une multitude d'hommes et de femmes s'avançaient maintenant au-devant du saint évêque, qui venait par sa présence rehausser l'éclat de ces fêtes, ou à la suite de la croix qu'on allait arborer comme un souvenir de la mission et comme un signe de victoire. Les croix de mission sont encore debout, du moins dans l'intérieur des églises ; mais les populations n'ont conservé que de vagues souvenirs qui s'effacent de plus en plus. Les heureux témoins de ces grands spectacles, le temps les a presque tous fait disparaître, prêtres et simples fidèles. Il n'y a plus personne qui dise les noms des missionnaires dont le zèle avait préparé et fait éclater ici et là ces manifestations de la foi catholique.

Par malheur, l'œuvre même de la mission créée par Mgr de Bouillé a été détruite [1]. Il a fallu disperser cette génération d'hommes d'élite, qui avait déjà réparé tant de ruines et qui eût fait fleurir une si riche moisson sur les sillons arrosés de ses sueurs, si le sol lui-même n'eût été bouleversé par une autre tempête, ou, pour parler plus exactement, s'il n'eût été envahi de nouveau par l'esprit d'incrédulité et d'impiété, qui se crut affranchi de toutes ses entraves par la révolution de 1830.

Les disciples de M. Lambert devaient presque tous se retrouver à Poitiers, mais seulement après la mort de leur cher et vénéré supérieur. M. Garnier jeune sera, dans la cure de Saint-Pierre, le second successeur de Mgr de Beauregard, devenu Evêque d'Orléans. M. Garnier aîné

[1] Elle a été heureusement remplacée par la Congrégation des Oblats de Saint-Hilaire, établie dans le diocèse par Mgr L.-E. Pie, depuis quelques années, et qui compte déjà trois résidences de missionnaires, Poitiers, Niort et La Puye.

et M. Bobin viendront prendre rang parmi les chanoines de l'église cathédrale, comme pour y faire revivre MM. Montault et Deleschelle, qui avaient autrefois partagé les travaux des jeunes missionnaires.

En attendant que les mêmes honneurs vinssent au-devant lui, M. Maurice Robert fut nommé au doyenné de Saint-Savin, sur la limite du diocèse la plus rapprochée du Berry. On lui avait dit : « Il s'agit moins de vous fixer à Saint-Savin que de vous y reposer un peu des travaux des missions. » Pour lui, puisqu'il y avait là des âmes à sauver, il se considéra comme placé à la tête d'un grand royaume ; il s'attacha à cette petite cité qui s'était formée à l'ombre du célèbre monastère et de l'église abbatiale, un des plus beaux monuments religieux de nos contrées.

Ce petit coin de terre, fécondé autrefois par le sang des généreux martyrs saint Savin et saint Cyprien, il se promit de l'arroser du moins de ses sueurs, et d'y répandre à pleines mains la semence de la parole qu'il avait préparée, pour la jeter çà et là dans le champ plus vaste arraché au zèle des missionnaires.

Mais il s'aperçut bientôt que l'homme ennemi s'efforçait de semer l'ivraie au milieu du bon grain. La génération à laquelle il était donné pour pasteur, n'avait encore vu le sacerdoce que sous les deux aspects qui le rendent aimable. Elle l'avait vu avec l'ornement de la piété dans un jeune vicaire, avec la grâce de la simplicité et de la douceur dans un vieillard éprouvé par de plus grands maux, et que le bonheur d'être revenu parmi les siens rendait indulgent pour tous.

Le sacerdoce, tel qu'il était en la personne de M. Robert, c'est-à-dire avec la charité, le zèle, la science, l'ardeur et la maturité qui font sa grandeur et sa puissance, parut à quelques hommes un ennemi auquel ils devaient s'opposer de toutes leurs forces. Après avoir contribué ou applaudi au renversement d'un trône, ils consentaient à laisser l'autel debout; mais ils regardaient comme le plus saint des devoirs de montrer aux prêtres que c'en était fait de leur influence et de leur domination. Le nouveau curé rencontra donc bientôt sur son passage la défiance, la haine et l'envie, sous le nom et sous le masque du libéralisme, adversaires qui, malgré les ménagements de sa charité, lui firent endurer pendant plusieurs années une véritable persécution : Dieu le permettant ainsi pour lui imprimer par la souffrance le cachet de la grandeur morale.

Son zèle n'en fut point déconcerté. Peu à peu il établit sur son peuple, non sa propre domination, mais le règne de Dieu, par la prédication assidue de l'Evangile, par l'administration des sacrements, par l'instruction donnée plusieurs fois la semaine aux petits enfants. Il fut bientôt l'ami, le confident et le père de ces familles, ou indigentes ou vivant du travail de leurs mains, du milieu desquelles il savait que l'on voulait bannir Dieu en même temps que les prêtres.

De la part même de cette portion de la bourgeoisie, éloignée des pratiques de la religion, son caractère généreux, franc et loyal lui attira d'abord l'estime et bientôt la confiance. Il y répondait par des visites faites à propos et dans lesquelles il savait, comme s'exprime un prédicateur célèbre, « élever la conversation la plus familière à la « hauteur d'un ministère sacré ». Les fruits furent assez souvent des retours inattendus, des conversions durables, ou du moins des entrevues et des confessions obtenues sans difficulté au moment suprême.

Dans les familles les plus honorables, il trouva le respect et l'affection dont il était digne. Elles furent son appui et sa consolation. Une d'entre elles, avertie trop tard des progrès du mal, était venue le jour même de ses funérailles pour le visiter encore une fois. Elle se trouva avec une douloureuse surprise mêlée à son dernier cortége, comme si Dieu eût voulu que la première paroisse dont il avait si bien mérité, fût représentée dans les honneurs rendus à sa dépouille mortelle.

Cependant Mgr de Bouillé, spectateur toujours attentif des combats de ses prêtres, et qui gardait un souvenir si profond des services rendus, n'avait point oublié l'ancien missionnaire. Pour l'élever plus haut, il lui demanda un acte d'abnégation, la démission de son titre de doyen, en ne lui offrant que les fonctions de simple administrateur de la paroisse de Notre-Dame de Poitiers.

M. Robert n'hésita pas, et vint à Poitiers au mois de novembre 1838. Il ne fut nommé doyen de Notre-Dame que dans les premiers mois de l'année suivante, après la mort du titulaire, M. Monrousseau.

Ce vénérable vieillard, curé de Notre-Dame depuis un demi-siècle, n'avait point abandonné son troupeau dans les jours les plus mauvais. Un acte de faiblesse, ou plutôt une illusion d'un instant, au sujet *du funeste serment*, avait rendu sa confession plus éclatante et ses périls plus grands. Mais, accablé par le poids des années, il ne prêchait plus depuis longtemps que par ses exemples et par les souvenirs qui se rattachaient à sa personne. Son successeur comprit de suite les souffrances de cette grande paroisse ; il ne manqua ni de prudence ni de zèle pour y remédier.

Il obtint de garder pour vicaires MM. Lacombe et Georget ; deux noms qui sont demeurés dans la mémoire des fidèles, à côté des noms des pasteurs les plus vénérés et les plus chers.

Le nouveau curé eut le mérite et d'apprécier le trésor qui lui était donné dans ces deux jeunes prêtres, et de savoir s'en servir pour le plus grand bien des âmes qui lui étaient confiées. Il se fit aider par eux dans les fonctions pastorales, et, ce qui est plus difficile, souvent il leur laissa prendre l'initiative dans les œuvres du zèle. C'est ainsi qu'un catéchisme pour les jeunes gens fut inauguré et continué, dans la forme même des catéchismes de Persévérance de la grande paroisse de Saint-Sulpice de Paris. L'Archiconfrérie pour la conversion des pécheurs, cette invention si simple et si sublime de la charité catholique, cette croisade en permanence pour reconquérir les âmes rebelles à la grâce, fut établie dans l'Eglise de Notre-Dame par M. Georget, qui, avec son caractère expansif, possédait à un degré éminent les plus beaux dons du sacerdoce, le don d'aimer fortement les âmes et celui de les charmer et de les attendrir.

Une fois l'élan donné, M. Robert sut se mêler

à ces nobles entreprises, non-seulement pour les appuyer de son autorité et pour les diriger par ses conseils, mais encore pour y apporter une large part de travail et d'action qui en assura le succès. Les réunions, toujours nombreuses, ne perdirent point leur attrait le plus fort en perdant celui de la nouveauté. Tant que la Providence laissa à Notre-Dame MM. Robert et Georget, on y vit des jours dont la beauté n'a point été surpassée.

Dieu avait préparé au zélé pasteur d'autres auxiliaires. La famille qui tenait le plus haut rang dans la paroisse y exerçait, depuis longtemps, la noble prérogative de secourir les pauvres ; avec cette *intelligence* qui seule assure à la charité sa perpétuité, et fait un de ses plus beaux titres de gloire devant Dieu et devant les hommes.

Pour atteindre une misère qui n'avait point encore été soulagée, cette famille avait appelé à Poitiers, vers 1834, les sœurs de la Miséricorde, chargées de veiller le jour et la nuit à la garde des malades, principalement des malades pauvres. Cette congrégation avait été fondée vers 1823, par un saint prêtre du diocèse de Séez, M. Bazin, supérieur du séminaire et grand vicaire de Mgr Sausol, qui avait voulu bénir lui-même les cinq premières sœurs et recevoir leurs vœux, le jour de la Compassion de la très-sainte Vierge. La petite communauté s'étant multipliée au delà de toute espérance, M. Bazin, dès l'année 1834, avait accordé à notre ville une part dans les bienfaits de cette pieuse fondation.

M. Robert vit, d'un seul regard, les immenses résultats de cette œuvre pour le soulagement du corps et de l'âme : les malades ne devant plus être livrés à des mains mercenaires ou sans expérience, mais aux mains pieuses de ces vierges consacrées à Dieu, et les moribonds, dans leurs derniers combats, devant être assistés par ces anges consolateurs.

Ce fut là sa tribu d'élite. Malgré ses nombreuses occupations, il se fit leur guide et leur père spirituel, pour leur apprendre à continuer cette vie tout angélique, ou plutôt à manifester dans leur corps mortel la vie de Jésus, à porter au milieu du monde cette vivante image de la décence et de la charité, qui attire toujours le respect et la confiance.

Au prix de sacrifices de tous genres, il leur a donné cette humble résidence, qui répond à la fois aux exigences de la pauvreté qu'elles ont embrassée, et à celles de la vie religieuse : cette église de Saint-Cybard, relevée de ses ruines, où elles viennent adorer l'Époux des vierges, et recevoir le pain des forts, leur viatique pour les fatigues du jour et de la nuit; cette maison, où chaque sœur, au retour de ses veilles nocturnes, au sortir de l'atmosphère souvent corrompue du monde, trouve sa petite cellule, sans autres meubles qu'un siége et qu'un lit, pour s'y reposer, comme disait saint Bernard, en respirant les parfums de la pauvreté et l'air pur de la solitude.

M. Maurice Robert, dans sa dernière maladie, a reçu les soins de ses filles de la Miséricorde ; il a rendu le dernier soupir sous leurs regards pieux ; leurs prières se sont mêlées à sa dernière prière ; il les a bénies de ses mains défaillantes. Combien d'âmes, ainsi consolées et fortifiées à leur dernier moment, béniront dans l'assemblée des saints la Congrégation des sœurs de la Miséricorde et celui qui leur a donné la stabilité parmi nous !

L'œuvre qui fut la *sienne* proprement dite, et dans laquelle il mit toute son intelligence et tout son cœur, c'est l'œuvre divine par excellence, celle que le divin Maître lui-même donnait aux disciples de Jean comme le signe principal de sa mission commencée, lorsqu'il disait : *les pauvres sont évangélisés*.

Ce fut vraiment aux pauvres, ou si l'on veut, à la masse du peuple, que le curé de Notre-Dame adressa son enseignement, bien persuadé que les esprits les plus cultivés eux-mêmes prendraient goût à cette nourriture solide dont, après tout, ils avaient un besoin plus pressant que des discours qui eussent flatté leur délicatesse.

Le fond, c'était l'exposé des mystères, l'explication de toutes les vérités pratiques, dont la connaissance est le commencement et le soutien nécessaire de la vie de foi et de la vraie piété.

Rien ne pouvait l'empêcher de se livrer à de plus hautes spéculations, de porter son vol dans une région plus élevée. Esprit éminemment positif, il préféra ces *doctrines communes*, et il les donna sous cette forme didactique ou, si l'on veut, sous cette forme de catéchèses, sous laquelle la religion a été présentée au peuple chrétien, dans les premiers siècles, par les SS. Pères, et, dans les temps modernes, par les plus grands hommes de l'Église catholique, tels que Bellarmin et ce bienheureux Canisius, qui arracha, par l'emploi de cette simple méthode, plusieurs provinces de l'Allemagne aux séductions de l'erreur revêtue des ornements de l'éloquence.

N'était-ce pas, pour l'ancien missionnaire, une vérité d'expérience, que le fidèle animé du sens chrétien, accepte avec moins de défiance, et retient avec plus de respect et d'amour la parole de vie sous cette enveloppe un peu rude, mais simple, et semblable sous ce rapport aux faibles apparences, sous lesquelles la divine sagesse a cru devoir cacher la chair vivante du Fils de Dieu, afin de la faire accepter et adorer par les hommes? C'est pour cela que les grands et les petits accouraient à l'envi pour se nourrir de sa parole, et que tous en ont conservé un souvenir plein d'admiration et d'amour.

Ne craignons pas de dire que ce pain qui faisait vivre son peuple, il ne le préparait qu'à la sueur de son front. Après les occupations incessantes du jour, il se renfermait chaque soir pour une veille prolongée; il parcourait les théologiens, saint Thomas surtout, pour y trouver la moisson dont il avait besoin, puis les livres de méditation pour y puiser l'ardeur qui devait l'éclairer et l'échauffer lui-même, afin que ses instructions fussent toujours simples, utiles, fortes et lumineuses.

Après dix années de cette vie de labeur et de mortification, ou plutôt, comme s'exprimait le Père de Ravignan, de ce martyre à petit feu, M. Robert fut saisi d'un mal dont les accès le mirent à deux doigts de sa perte. Il échappa à la mort, mais il crut devoir se démettre de sa charge pastorale. On lui donna son frère Léon pour successeur, et il fut nommé chanoine de l'église cathédrale en 1848.

Dieu voulut que l'ancien missionnaire finît par où il avait commencé. Après quelques mois de

repos, il se retrouva avec sa première vigueur.
Au lieu de jeter un regard attristé sur les travaux
du ministère qui venait d'échapper à son zèle,
il regarda en avant. Autorisé, encouragé par son
Évêque, il reprit sa vie apostolique. Nous le
voyons avec l'entrain de sa jeunesse parcourant
la même carrière, répondant à l'appel qui lui est
fait de tous côtés, donnant des stations dans les
villes les plus importantes, à Poitiers, à Niort,
à Châtellerault, à Saint-Maixent, à Neuville;
reprenant avec joie ses conférences, ses instructions familières, dans les bourgades les plus
obscures, devant de simples villageois. C'est que
son regard découvrait sous les enveloppes gros-
sières les âmes créées à l'image de Dieu, et il
se croyait redevable à toutes de son temps et de
ses ressources.

Cet esprit de foi, cette charité qui se plaît à
descendre, comme la charité de Dieu même,
vers ce qu'il y a de plus faible, le rapprocha d'une
petite portion du troupeau dont il avait été le
pasteur, nous voulons dire de ces jeunes orphe-
lines et de ces jeunes ouvrières, confiées à la garde
des Filles de la Croix, et qui se réunissent dans
cette chapelle, bâtie par des mains intelligentes et
pieuses, si aimée des âmes recueillies. Pendant
plus de quinze années, il fut le prédicateur assidu
de ces religieuses et de leurs enfants. Pour elles,

il sacrifiera tous ses loisirs; au lieu de jouir du repos si bien mérité, au retour de ses courses apostoliques, il travaillera encore pour rompre le pain de la parole à ces pauvres enfants : ce sont elles qui entendront ses derniers accents; c'est après avoir frappé une dernière fois l'oreille de leurs cœurs, que s'éteindra cette voix si connue, mais toujours si chère et maintenant si regrettée. Il ne fallait pas lui dire que c'était là un petit auditoire : chacune de ces jeunes âmes était pour lui tout un monde. Des champs plus vastes étaient ouverts devant lui : il eut pu en rapporter une riche moisson ; mais il était trop heureux d'aider dans leur pénible culture ces saintes filles du *bon père* Fournet, son ancien ami, et de pouvoir présenter au Père céleste ces quelques épis, glanés dans le petit champ confié à leur sollicitude.

Cet infatigable ouvrier s'est donc livré tout entier et à toutes les heures du jour, à ce sublime ministère, qui consiste à mettre le *bien* dans les âmes, ou, pour mieux dire, à y mettre Dieu lui-même, la vie, la lumière, la beauté, la joie... Aussi, même sur la terre, il a rencontré, sans les avoir jamais cherchées, la renommée et la gloire. Sa gloire! ce n'est pas celle qui vient des grands talents ou des vertus héroïques qui font les *hommes illustres*. Aucune de ses qualités naturelles ou acquises, aucune de ses vertus elles-mêmes, prise en particulier, n'aurait pu lui mériter un rang tout à fait à part dans la mémoire des prêtres et des fidèles... Mais toutes ensemble et jointes à cette grâce du sacerdoce qui s'accroît tous les jours entre les mains du bon serviteur, elles ont formé ce tout complet et harmonieux qu'on aime en ceux que Dieu choisit pour être ses coopérateurs dans l'œuvre du salut des âmes.

Il n'y a non plus, dans le cours de sa vie, aucune de ces actions d'éclat qui éblouissent, aucun de ces triomphes qui excitent l'enthousiasme ; mais le zèle, la science, l'élévation des pensées, la flamme de la charité ont répandu et comme disséminé sur tous ses travaux, sur tout *le corps de ses œuvres*, comme s'exprime saint Grégoire, sur sa vie tout entière, ces purs rayons qui n'y laissent point de tache ni d'endroit obscur, et lui donnent une douce clarté qui attire et charme les regards. Et voilà précisément ce que Dieu se plaît à louer devant ses anges et ses saints. C'est même à cette justice sans éclat extraordinaire que Dieu veut que l'on rende hautement témoignage parmi les hommes : « *Dites au juste que c'est bien...* » Ce panégyrique en un seul mot convient particulièrement à M. Maurice Robert. Bien dans son enfance passée sous l'œil de Dieu, sous le regard des vieillards éprouvés par la persécution, et sous la tutelle d'une femme d'élite, digne des vierges des premiers siècles; bien dans son adolescence, préservée et sanctifiée par l'étude et par la pratique de la loi du Seigneur; bien dans sa jeunesse et son âge mûr, si noblement employés à combattre les bons combats; bien dans cette vieillesse commencée, forte et laborieuse comme sa maturité; bien dans la santé et bien dans la maladie, bien dans la vie et bien dans la mort.

Après avoir été l'homme de travail dès sa jeunesse, il fallait qu'il fût l'homme de douleur jusqu'à la fin. Dès les premiers jours de sa maladie, il sentit qu'il était dans les étreintes de la mort, et que cette fois, rien ne pourrait l'en délivrer. Sa fermeté n'en fut point ébranlée. La joie même était au fond de son âme, toujours prête à se montrer au dehors dès que les crises d'étouffement avaient cessé, et que sa parole pouvait arriver aux prêtres et aux personnes amies, admises à le visiter. Et pourquoi n'eût-il pas été calme et serein? Tous les jours avaient été pour lui des jours pleins : il allait mourir entouré de ses amis, entouré des familles si honorables et si chrétiennes, auxquelles il était uni par les liens du sang, et dont il voyait avec bonheur tous les membres étroitement unis entre eux. Il lui était donné d'exhorter une dernière fois les plus jeunes, et de les bénir de cette bénédiction suprême, qui devra les rattacher plus fortement encore à Dieu, à son Église, à toutes les saintes choses qu'il a tant aimées et tant prêchées.

Lui-même avait été visité et béni par Monseigneur de Poitiers, puis par Monseigneur d'Angoulême, que les pertes cruelles éprouvées récemment dans son clergé ne rendaient que plus sensible à celle dont nous étions menacés.

Déjà le saint Viatique lui avait été apporté solennellement par le Chapitre de la cathédrale, suivant l'usage, et il le recevait encore de temps en temps des mains d'un prêtre vénéré, son contemporain, son ami d'enfance, qui ne le quittait guère, ni le jour ni la nuit, et qui s'est tenu à ses côtés comme l'ange de l'agonie, pour le fortifier, pour lui faire entendre cette parole d'espérance et d'amour, qui l'a accompagné jusqu'en la présence de son Dieu.

Ainsi résigné, la souffrance donna à toutes ses vertus « ce quelque chose d'achevé » où l'œil de Dieu se repose avec plus de complaisance. Elle imprima au mourant ce caractère de victime, d'où le chrétien, le prêtre surtout, tire une ressemblance parfaite avec celui qui fut sur la croix, et qui continue d'être à l'autel prêtre et victime. L'humilité, l'obéissance, la charité donnèrent à cette mort si lente et si cruelle tout le prix d'une immolation volontaire, d'un holocauste consumé tout entier sur l'autel du sacrifice. L'amour n'avait presque point de paroles pour s'exprimer... c'étaient des regards et des baisers sur le crucifix... Ce même crucifix qu'il portait toujours dans ses missions, c'est encore lui qui fut son conseil, son livre, sa consolation, sa force, l'instrument de sa dernière victoire, l'objet de son ardent amour. — Les lèvres du mourant se collaient aux plaies sacrées. Toutes les douleurs endurées sur la croix étaient présentes en son esprit. Lorsque la mort lui portait ses derniers coups : « *O mon Jésus*, disait-il, *vous avez souffert plus que moi!... Vous ne l'aviez pas mérité!... O Marie ma bonne mère, assistez-moi!* » Un instant avant de rendre le dernier soupir, il se souvint du tourment de la soif, et il l'éprouva lui-même. Haletant et noyé dans les sueurs de l'agonie, il demanda à boire, et, comme on lui présentait un breuvage capable de le fortifier : « *Non*, dit-il, *une goutte d'eau... O Jésus mourant sur la croix!* » En même temps il couvrit de son regard cette image de l'Amour Crucifié, puis jeta un autre regard vers le ciel, comme s'il eût aperçu l'Amour triomphant qui lui tendait les bras, et il remit son âme dans le sein de Dieu.

Après ce trépas qui fut, nous l'espérons, une

entrée dans le ciel, sa dépouille mortelle fut honorée de visites non interrompues, jusqu'au jour de ses funérailles. Ce jour-là, des amis nombreux du clergé et de tous les rangs de la société se pressèrent autour de son cercueil. Les sœurs de la Miséricorde, les Filles de la Croix, avec les enfants que le prêtre zélé nourissait naguère de sa parole, ont suivi ses restes vénérés jusqu'au lieu du repos. Le peuple, qui n'est ni injuste, ni ingrat, lorsqu'il est laissé à son sens encore chrétien, vint en foule témoigner par ses regrets qu'il n'ignore pas le prix de la vie d'un bon prêtre.

Le corps de M. Maurice Robert a été déposé à côté de celui de son frère Joseph, mort il y a deux ans, et sous la même tombe qui depuis dix ans recouvrait les restes de son frère Léon.

Une même inscription rappellera que les deux frères, après avoir partagé les mêmes travaux, donné les mêmes exemples de force, de patience et de charité, sont unis dans le même repos, et ont obtenu du juste juge la même couronne de gloire.

M. Maurice a voulu que son cœur fût placé dans l'église de Saint-Cybard, auprès de l'autel et de la table sacrée, afin que son souvenir fût toujours présent à ceux qui viendraient offrir ou recevoir la chair de la sainte Victime et le sang répandu pour la rémission des péchés.

Autour de cette relique précieuse, de ce gage touchant de l'affection et du dévouement de leur père en Jésus-Christ, les sœurs de la Miséricorde viendront chaque jour, suivant la recommandation de saint Jérôme, avec les parfums de la prière, de la charité, des bonnes œuvres et d'une vie tout entière d'innocence et d'immolation.

Puissent les mêmes pensées être inspirées à tous ceux que le défunt a servis par ses prières, par ses offrandes, par sa parole et par les œuvres du zèle sacerdotal, afin que, s'il n'est pas encore glorifié dans le ciel, il obtienne promptement l'objet de ses plus chers désirs, par les supplications de tous les véritables enfants de Dieu, « ses « futurs concitoyens dans l'éternelle Jérusalem, « vers laquelle tout le peuple chrétien, en « pèlerinage sur la terre, soupire depuis le « départ jusqu'au retour [1]. »

J. RABEAU,

Chanoine honoraire, Professeur au Grand-Séminaire.

[1] S. Augustin, Confess.

POITIERS. — TYP. DE HENRI OUDIN.

www.ingramcontent.com/pod-product-compliance
Lightning Source LLC
Chambersburg PA
CBHW051750050726
47598CB00003B/1414